Ln 19323.

LE PRINCE

DE

TALLEYRAND.

Sa Vie et ses Confessions.

Prix : **60** centimes.

PARIS,

CHEZ L'ÉDITEUR, RUE DES DEUX-ÉCUS, 33,

ET CHEZ POUGIN, LIBBRAIRE, QUAI DES GRANDS-AUGUSTINS, 49.

1838.

Imprimerie d'Ad. ÉVERAT et Comp., 16, rue du Cadran.

EXAMEN DE CONSCIENCE

ou

ENTRETIEN POLITIQUE ET RELIGIEUX

ENTRE DEUX THÉOLOGIENS.

(Quiconque imprimera ou fera imprimer cet article sera poursuivi comme plagiaire. Citez, mais ne copiez pas !)

L'hôtel Talleyrand, rue Saint-Florentin, à l'extrémité occidentale des Tuileries, fut bâti, un moment avant la grande révolution, par le duc de l'Infantado, ambassadeur d'Espagne, qui voulut bien y dépenser des millions. Cette grande et noble demeure, auprès de laquelle sont de vastes et riches écuries, a toujours manqué de jardin ; mais le voisinage des Tuileries y supplée : car, du haut des balcons, on plonge dans l'allée même des orangers, et l'on voit distinctement tous les promeneurs des terrasses. M. de Talleyrand, que ses pieds difformes et ses jambes flûtées servaient mal, avait pris depuis longtemps, pour son usage personnel, non pas le *rez-de-chaussée*, comme on l'a dit, mais l'entresol de son palais, côté du midi. Le premier étage, riche en dorures, était affecté aux réceptions, et le surplus appartenait à ses officiers et à trois ou quatre personnes favorisées, choisies dans sa nombreuse famille ou MAISON.

Lorsque le vendredi 11 mai fut venu, le prince, dont la nuit avait été mauvaise, éprouva ce frisson universel et sinistre qui précède immédiatement notre décomposition. La nouveauté de cette cruelle sensation le rendit soucieux et alarmé. Il tenait à la vie, comme si la vie pouvait avoir quelque charme pour ceux qui, n'étant aimés de personne, sont réduits à l'épouvantable isolement de l'athéisme ou du remords. Jusqu'à ce moment décisif, il n'avait considéré sa longue carrière, pleine d'actes et d'événements, que sous le rapport des souvenirs matériels et des anecdotes. Maintenant son imagination épouvantée y voyait à nu toutes ces licences du cœur et de l'esprit que les mauvaises consciences elles-mêmes regardent comme des violations de la loi de Dieu. Sa tête vaniteuse et altière se pencha sur sa poitrine ; il réfléchit et médita profondément. — Avec de l'or ou des amis, on se procure aisément un avocat par-devant les tribunaux de la terre. Devant le tribunal dont les infirmités sont le vestibule et le cruel frisson l'appariteur, on est réduit à se présenter seul, et seulement escorté de ses œuvres. Les coupables vils et illétrés sentent ces choses par instinct, et les superbes par logique.

Il y a beaucoup d'allants et de venants chez un homme riche qui s'écroule : tout le monde est en mouvement alors ; car, avec une seule existence qui chancelle, plusieurs existences vont tomber. Un homme, épuisé de fatigue, s'était endormi dans l'obscurité d'un bouge : il se réveilla presque en sursaut ; et le dialogue suivant frappa son oreille.

A.

J'espère, monseigneur, que ma visite ne vous paraîtra ni inconvenante ni importune ; le zèle me l'aurait inspirée, à plus forte raison votre salut.

T.

J'étais beaucoup plus mal, il y a trois jours. Cette incision qu'ils m'ont faite dans les reins paraît les avoir rassurés sur mon compte.

A.

Je crois ces messieurs dans l'inquiétude. Profitons de ces deux minutes de calme pour régler un peu nos comptes avec Dieu. Il faut à l'esprit toute sa clarté pour s'introduire dans les ténèbres de la conscience.

T.

Pourquoi monsieur l'archevêque n'est-il point venu ? Je le donnai moi-même, dans le temps, au feu cardinal mon cher oncle. Il m'aurait témoigné sa reconnaissance en homme parfaitement aimable, s'il m'était venu voir, de prélat à prélat.

A.

Peut-être en aurait-on mal parlé dans le monde ; peut-être se serait-on permis d'observer et de dire que monseigneur de Paris avait assisté le comédien Talma, le constitutionnel Grégoire, un ministre trop fameux, et après ceux-là, M. le prince *de Bénévent*, excommunié de la main d'un pape.

T.

Vous avez grandement raison ; M. de Quélen a bien fait de ne pas venir. Il n'est plus d'ailleurs avec le gouvernement comme il devrait y être. Un ecclésiastique sans importance est beaucoup mieux ce qu'il me faut.

A, *mordant un peu ses lèvres.*

Eh bien ! cela posé, nous commencerons quand Votre Altesse le voudra.

T.

Ne me donnez donc pas de l'altesse, monsieur : nous ne sommes point princes possessionnés. Les ridicules ne sont passables que lorsque l'on se porte bien.

A.

Votre Grandeur juge-t-elle à propos que nous commencions ?

T.

Encore une erreur, monsieur l'abbé : la *grandeur* ne va qu'aux évêques, et je donnai ma démission d'Autun, dans les tout premiers commencements. Parlez-moi comme on parle à un grand d'Espagne de première classe, à un membre de la pairie française actuelle, à un ministre de plusieurs règnes et à un ambassadeur en disponibilité. Je crois que vous pouvez employer alternativement la *Seigneurie* et l'*Excellence*.

Au demeurant, si j'ai trop tenu à ces élégances, je sens qu'elles me touchent bien peu maintenant. Le pauvre Michel aîné, mon ami, qui avait tant aimé sa maîtresse, ne voulut plus entendre parler d'elle aussitôt qu'il se vit la proie des médecins et des chirurgiens.

A.

Monseigneur, je vous prie de commencer par nos saintes prières d'usage.

T.

Quelles sont-elles?

A.

Le *Confiteor*, vous savez bien?

T.

Oui, je l'ai su; mais, depuis le temps, je crains de l'avoir oublié. Récitez-le-moi distinctement, je vais vous suivre.

A, *après le* Confiteor, *continue ainsi*:

Vous avez beaucoup d'esprit, monseigneur, et je n'ai pas besoin de vous exposer combien l'Église universelle a dû gémir, dans le temps, du scandale de votre conduite.

T.

Mon intention ne fut pas d'occasionner du scandale, mais de sauver à tout prix mon individu, au milieu d'un épouvantable naufrage: qu'en ont eu de plus, je vous prie, ceux qui se sont fait égorger par le peuple dans les carrefours de nos villes, ou brûler dans leurs châteaux par les paysans?

A.

Comme agent-général du clergé français, vous étiez tenu de défendre le précieux dépôt confié à vos soins. Vous y étiez encore tenu comme évêque; vous pouviez faire ces choses et ne pas mourir: votre résistance en aurait favorisé d'autres.

T.

Étiez-vous né seulement, monsieur, à cette époque-là? vous parlez de ce que vous n'avez point vu. Je défendis l'Église, ou plutôt ses biens, tant que la chose me fut possible; quand je vis que toute résistance devenait inutile, il me fallut bien céder et en finir.

A.

Non: vous livrâtes la place dès la première sommation, avant tout épuisement et des munitions et des vivres. D'après les lois de la guerre, vous auriez été fusillé, en tous pays.

T.

Oh ! je sais fort bien , monsieur, que ce fut là, dans le temps, l'intention des émigrés , et surtout de mes chers confrères. Leur mauvais vouloir me précipita dans la révolte ; ils en sont coupables autant et plus que moi.

A.

Si, au lieu de vous accuser, vous vous excusez toujours, monseigneur, nous ne procédons pas à votre confession, mais à votre apologie.

T.

Oui : c'est là une règle de théologie sévère ; je m'en souviens. Eh bien ! monsieur, JE M'ACCUSE d'avoir aidé à dépouiller le sanctuaire au profit de ceux qui, sans utilité pour le royaume, ont dissipé tous nos grands biens : êtes-vous content ?

A.

Très-affligé, monseigneur, je vous assure. Vous vous méprisâtes assez vous-même pour vous ranger gaiement sous les bannières ennemies ; et , loin d'en vouloir aux destructeurs de la paix publique, vous professâtes toutes leurs maximes, et devîntes un de leurs chefs les plus actifs : à l'encontre du sage saint Paul, qui déserta le camp des oppresseurs pour venir défendre et protéger les victimes.

T.

Monsieur, j'ai toujours admiré saint Paul ; mais saint Paul n'en a pas moins fini par le martyre, et j'avoue mon faible à cet égard : les jouissances de la vie furent mes idoles ; je leur ai tout sacrifié.

A.

Que vous en reste-t-il aujourd'hui, monseigneur ?

T.

Un agréable souvenir et de vifs regrets.

A.

Regrets mondains et condamnables , que je ne puis entendre sans frémir.

T.

Je m'en repens , monsieur, veuillez le croire.

A.

· Puisque votre ange vous avait fait échapper à la tourmente révolutionnaire, que ne restiez-vous sur les terres lointaines, où de saints prélats trouvèrent l'honneur et un abri?

T.

J'aimais la France.

A.

La France alors était hors de France.

T.

Je m'en repens. Continuez.

A.

Vous avez servi ce Directoire éternellement fameux, dont tous les membres avaient fait mourir un roi et une reine infortunée.

T.

J'ai toujours regretté la Reine, quoiqu'on l'eût irritée contre moi; quant à Louis XVI...

A.

Eh bien?

T.

Il voulut à toute force la révolution de 89 : il a péri dans cet incendie allumé de ses propres mains : que ne nous laissait-il tranquilles avec ses notables et son tiers-état!

A.

Il ne prévoyait pas que les choses iraient aussi loin.

T.

En politique, il faut tout prévoir, monsieur : les vues courtes et les aveugles, c'est tout un.

A.

Ne vous êtes-vous jamais trompé dans vos calculs, monseigneur?

T.

Je m'en repens. Continuez.

A.

Lié au directoire par serment, vous avez secrètement rappelé Bonaparte de son Égypte. Il avait immolé vingt mille Parisiens pour installer le directoire : en usurpant sur eux le pouvoir suprème, il s'imposa la nécessité de faire périr cinq millions d'hommes et de bouleverser les vieux empires ; car son usurpation devait tout oser pour s'établir. De semblables calamités furent votre ouvrage ; et vous n'avez pourtant point réussi.

T.

Je m'en repens. Continuez.

A.

Que votre Excellence s'examine sur la triste mort du duc d'Enghien.

T.

Il est des nécessités politiques ; il y en eut dans tous les temps comme cela.

A.

Oh! mon Dieu, que dites-vous, monseigneur !

T.

Napoléon fut obligé de donner cette garantie pour rassurer les conventionnels touchant les Bourbons. On verra tout cela dans mes Mémoires.

A.

Mais vous, qui n'étiez pas au nombre des conventionnels ?...

T.

Ils étaient mes amis : nos intérêts se trouvant communs...

A.

Mais le sang du juste !...

T.

Je me repens. Continuez.

A.

Le saint-père vous avait enfin pardonné le sacre des évêques-jureurs ; il vous avait pardonné votre apostasie, votre mariage. Vous avez donné le conseil de lui ôter Rome, puis ses cardinaux, puis sa liberté, puis son asile de Savone. Vous l'avez fait renfermer captif à Fontainebleau, où des soldats le gardaient à vue ; le vicaire de Jésus-Christ ! !

T.

Que n'approuvait-il la répudiation de Joséphine, le mariage avec Marie-Louise, et l'échange des états romains contre un beau revenu chez nous ?

A.

Monseigneur, il ne voyait pas de motifs suffisants à ce mariage d'Autriche ; et puis, son propre serment solennel lui défendait la cession des états romains, dont un pape n'est que l'usufruitier. Au surplus, en lui reconnaissant le pouvoir de consentir, c'était lui reconnaître le pouvoir de refuser. Les volontés de Napoléon étaient par trop despotiques.

T.

Il faut, au gouvernement des états, des caractères de cette force.

A.

Pour faire le bien, et non le mal.

T.

Je me repens. Continuez.

A.

N'avez-vous pas donné le conseil de renverser le bon roi Charles IV d'Espagne, par la révolte de son propre fils, et de saisir ensuite ces deux princes pour les constituer simples otages ? N'avez-vous pas offert votre château de Valençay pour leur servir de geôle et de château fort ? Quelle conduite pour un gentilhomme ecclésiastique !

T.

Mais c'était pour les empêcher de fuir et d'aller commencer la guerre civile, qui est toujours un fort grand mal. Dans tous les cas, je leur ai fait rouvrir les grilles de Valençay, lorsque j'ai vu, à n'en pouvoir douter, que la ligue des souverains était désormais victorieuse ; tant que j'ai pu espérer que Napoléon empêcherait le retour des princes, j'ai été de tout cœur pour Napoléon. Lorsque j'ai vu sa maladresse et son abaissement, j'ai pris un parti, comme vous l'auriez fait vous-même. Au reste, je ne suis pas homme à insister là-dessus : je me repens de mes faux calculs ; continuez, je vous en prie. Ou, plutôt, allez un peu voir s'il n'y a là personne qui nous écoute, j'en serais au désespoir ; vous concevez.

(*Vérification faite, on reprend.*)

A.

On vous accuse d'avoir cherché à punir Louis XVIII qui,

pour vous ôter le gouvernail, vous envoyait au congrès de Vienne. Vous avez fait savoir secrètement à Napoléon que le congrès lui destinait Sainte-Hélène ; à cette annonce, il a rompu son ban, il a reparu en France, il a de nouveau chassé son roi, il a fait couler des flots de sang !!! Vous reprochez-vous un si grand désastre ?

T.

Oui, je me repens. Continuez.

A.

La principauté de Bénévent appartient aux papes, et vous avez pris ce titre sans vous déconcerter !... vous l'avez fait prendre à votre épouse !

T.

Pour obéir à Napoléon, caractère exigeant. Mais j'ai renoncé à ce Bénévent-là pour calmer le saint-père ; j'ai même renvoyé ma femme légitime, que je ne pouvais plus souffrir : le pape a bien voulu annuler notre mariage et passer l'éponge sur le tout.

A.

Cela ne vous a pas empêché de conseiller et de protéger ici l'enseignement des *libertés gallicanes*, dont le fond est tout protestant et républicain.

T.

Bah ! on craignait les accroissements de l'autorité pontificale, on imagina ces petits moyens comme des bâtons dans la roue. Mais, tenez, je me repens ; et j'ai même blâmé M. l'archevêque de Paris, qui se jetait dans ces indécences. Je ne veux plus, moi, aucun mal à la cour de Rome, je me plais à dire et à reconnaître que je fus le neveu d'un de ses cardinaux.

A.

Ne vous reprochez-vous rien à l'égard des princes dont vous étiez le chambellan ?

T.

J'avoue que, leur supposant le dessein de me retirer mes charges à la cour et de m'exiler dans mes terres, je conspirai contre eux pour ma légitime défense : je leur suscitai le *National* (qui est de ma fondation), et puis les 221 avec leurs journées.

A.

Voilà bien du sang que vous avez fait couler ! sans compter le désespoir de tant de malheureux, et des torrents de larmes !

T.

Il y a comme cela des secousses périodiques dans l'univers. L'Océan politique est sujet, ainsi que l'autre, à ses bourrasques, à ses tempêtes. D'ailleurs, monsieur, je me repens : que peut-on dire davantage ?

A.

On dit que vos bibliothèques sont épouvantables, et surtout celle de Valençay ?

T.

Laissez faire mes héritiers : ils y mettront bon ordre ; leur esprit n'est point mon parent.

A.

Je serais d'avis qu'on brûlât tous ces livres.

T.

Pour mettre le feu à la maison !... y songez-vous ? il vaudrait mieux les vendre *au profit* de nos Enfants-Trouvés.

A.

Passons à vos richesses. Vous êtes né pauvre, quoique très noble : votre fortune est immense ! ne vous la reprochez-vous pas ?

T.

De quoi m'auraient servi tant de travaux, tant de voyages et de périls, si au bout de tout cela j'étais resté pauvre et sans défense ? Monsieur, il vaut mieux ici-bas se faire marteau qu'enclume. Le mérite n'est rien sans l'argent.

A.

Mais vous n'avez point soulagé les malheureux ; ils étaient pourtant bien nombreux, bien visibles ; et dans tous les rangs, surtout dans le vôtre.

T.

Tout le monde se dit malheureux ; on ne sait qui croire et à qui se fier.

A.

L'esprit saint le déclare : *Jucundus homo qui miseretur et com-*

modat! « Heureux l'homme qui sait donner et compatir! » *Disponet sermones suos in judicio.* « Ses bonnes œuvres répondront pour lui devant le tribunal du grand juge. »

T.

Monsieur, j'ai ordonné quelques aumônes dans mon testament, ainsi qu'a fait ce pauvre Michel, mon vieux ami, lorsqu'il a quitté sa grande fortune. Je sais que le peuple aime, en général, ces petites attentions. Reparlez-en quelquefois à ma chère nièce, qui pourrait l'oublier sans le vouloir.

A.

N'auriez-vous pas quelques restitutions à faire tout de suite, ou à commander?

T.

Non pas, que je sache. Ma fortune se compose des pots-de-vins de mes nombreux marchés, étant ministre; des cadeaux faits par les fournisseurs; de quelques bonnes spéculations à la Bourse ou dans le commerce; de mes bonis lors de mes ambassades. Joignez à cela mes gains au jeu, où je fus habile; les places de finances et autres que j'ai accordées ou fait avoir; les diamants que me donnèrent les républicains du garde-meuble, les directeurs de vendémiaire, les trois consuls, le consul à vie, l'empereur Napoléon; tous les princes médiatisés, l'archevêque de Ratisbonne, le roi Joseph, le roi Louis, le roi Murat, le citoyen Lucien, le roi Jérôme; la princesse de Lucques et de Piombino; le cardinal Fesch, madame Lætitia elle-même; puis, le roi Charles-Jean, madame Michel de Civrieux, le roi Ferdinand d'Espagne, les rois de Naples-Bourbons, les feus rois Louis XVIII et Charles, les empereurs de Russie, d'Autriche et du Brésil, les sultans de Constantinople et de Perse, le vice-roi d'Égypte et le nègre Boyer, roi-président de l'île d'Haïti. J'en omets quelques-uns, et c'est ma fièvre lente qui m'y expose. Je ne puis cependant oublier Séguin, à qui je pardonnais ses familiarités de mauvais genre : il me donna les beaux bracelets de la feue reine; j'ignore où il les avait pris.

A.

On vous accuse de concussions envers les sociétés corsaires.

T.

Oh ! c'était un des droits de ma place ; je sais ce que vous voulez dire : *l'Ariège*, de Bordeaux avait pris un vaisseau *anglais* de dix-huit cent mille francs, qui se disait *suédois* par stratagème. Le tribunal des prises balançait. Je terminai ce différend au profit du corsaire, moyennant six cent mille francs qu'il nous compta. Je n'eus, moi, qu'un tiers (et en or), avec l'étui d'or de deux cents louis. Le surplus alla au consul et à d'autres visages moins apparents et moins célèbres.

A.

Ces deux cent mille francs, l'étui d'or, les deux cents louis doivent retourner à l'armateur, c'est chose sûre.

T.

Quel fut, s'il vous plaît, le vrai nom de cet armateur ? Je l'ignore, moi ; et je vous défie, après trente-sept ans, de pouvoir me l'apprendre.

A.

En pareil cas, on donne aux pauvres : *Dispersit, dedit pauperibus.* « Répandez, répandez dans le sein des pauvres. »

T.

Les pauvres ! et toujours les pauvres ! Monthyon, le chimérique, ne leur a-t-il point laissé douze ou peut-être seize millions ! Je n'aime point, monsieur, ces grandes libéralités testamentaires. Cela sent trop la jactance parvenue et la singularité. Après tout, de mon temps, les saintes Écritures nous recommandaient beaucoup le mystère et le silence.

A.

Il est des cas pour le silence ; il en est pour la publicité. Ne faut-il pas, monseigneur, que des exemples un peu bruyants viennent réveiller les consciences égoïstes ou endormies ?... *Ut videant opera vestra bona,* nous dit le Sauveur ; « Afin qu'ils voient le bien qui se fait, et comme il faut le faire. »

T.

Allons ; eh bien ! je donnerai ; je donnerai. Continuez, je vous prie.

A.

Je blâme, et tout le monde a blâmé, votre apparition et votre discours à l'Académie des Sciences. Un éloge funèbre entre vos mains était bien déplacé !

T.

On avait répandu que mon esprit baissait : j'ai voulu prouver le contraire, quel mal ai-je fait en cela ?

A.

Le mal de remettre en scène un personnage désormais tenu de se faire oublier.

Le mal d'aller proclamer et célébrer chez les mondains l'astuce, la dissimulation, la froide inhumanité, l'art de propager et de perpétuer l'horrible discorde sur la terre. Qu'était-ce, après tout, que votre héros de panégyrique? un homme sans patrie, sans fidélité, sans scrupules; un diplomate parfait selon vous.

Implacable adversaire de notre religion, vous avez fait sourire à nos dépens une assemblée anti-religieuse. Vous avez affirmé (voulant vous louer vous-même) que les plus célèbres diplomates furent des gens d'église et des *théologiens;* mais il ne s'est trouvé là personne pour vous observer et vous répondre que les cardinaux Duperrat et d'Ossat; que le cardinal de Polignac et Dubois lui-même ne brisèrent pas du moins les balustrades du sanctuaire et ne vendirent point aux juifs d'Allemagne leurs crosses bénies et nos vases sacrés. En voulant ennoblir votre défection, vous l'avez rendue plus remarquable. Votre parole aiguë a réveillé les choses endormies. Vous vous êtes de vous-même présenté au monde comme un esprit sans jugement, une âme sans délicatesse, un cœur vide et blasé sur tout. Vous avez recommencé votre procès vous-même, et donné le signal à tous vos détracteurs inattentifs. C'est bien plus : vous avez fait que la mort a pu vous entendre, et, depuis ce jour déplorable, elle vous observe et vous suit pas à pas.

T.

Oh! mon Dieu, vous me faites frémir! Qu'allais-je faire dans cette galère académique!

A.

Si votre excellence fut nuisible à quelqu'un, désire-t-elle qu'on lui pardonne?

T.

Oui. Je ne demande pas mieux.

A.

Dans ce cas, vous allez pardonner à ceux qui vous offensèrent.

T.

Je leur pardonne dans mes Mémoires, écrits de ma main.

A.

Cela ne suffit pas; il faut leur pardonner ici.

T.

Je pardonne à la jeune princesse étrangère qui, parlant de moi, ne m'appelle que *le Diable boiteux* et *le Renégat*. M. son frère se permet les mêmes incartades; on les a fort mal élevés.

A.

Continuez, s'il vous plaît.

T.

Je pardonne à tous ceux qui mettent sur mon compte la mort et l'empoisonnement de Mirabeau. On pouvait ne pas approuver un ami versatile et lui offrir un déjeuner tête à tête, sans en vouloir à sa vie, comme font les grands scélérats. Péning, secrétaire du comte, fut un homme très-indiscret et de mauvaise langue. S'il est mort, comme cela doit être, je ne lui en veux plus.

Je pardonne tout ce qu'on a dit de moi relativement à M. le duc d'Enghien et à M. le prince son père. La mort du duc de Berri me fut également attribuée... A quel esprit bien fait persuadera-t-on que j'aie pu frapper tant de monde?

Je pardonne au comte de Maubreuil ses impardonnables excès devant le portail de Saint-Denis, lieu respectable. Il m'y traita comme le dernier des hommes ; il se plut à cracher sur moi. Et cependant il n'ignorait pas que je fus évêque ! Si la famille royale m'avait aimé d'affection, elle aurait fait décoller cet homme, tandis qu'il ne lui en a coûté qu'un an de prison, et les frais.

Je pardonne à celui qui me qualifia jadis *de la m.... dans un bas de soie...* Il faut bien mépriser un individu pour le qualifier de la sorte !

Je pardonne aux souverains du Nord et du Midi, qui, d'un commun accord, m'ont envoyé de riches présents et leurs cordons de chevalerie. De pareilles soumissions, après le mal que je leur avais fait, ont été offensantes ou dérisoires : ces princes ont eu l'air de sacrifier, comme les sauvages, au Génie du mal.

Je pardonne à madame de La Porte le soufflet vigoureux qu'elle me donna (quoiqu'évêque), alléguant que je lui voulais déranger sa fille, en 1790.

Je pardonne à présent à la fille de Louis XVI d'avoir mandé à l'empereur François, son cousin, que la FAMILLE n'était pas en sûreté à Édimbourg, par le fait de ma présence en Angleterre. Cette princesse a le grand travers de croire tout ce qu'on lui dit... de vraisemblable.

Je pardonne à MM. les Polonais l'amertume avec laquelle ils m'attribuent leur soulèvement et puis leur abandon. Que faire !

Je pardonne au Sultan, qui me dit l'auteur de ce qui a été manigancé en Grèce et en Égypte. Don Miguel et don Carlos s'en prennent à moi de ce qui se passe ; et l'empereur Nicolas, malgré mon bon accueil de 1814, prétend que j'ai voulu le renverser. Nous verrons, ou plutôt vous verrez, si, après moi, l'univers sera plus paisible !

Je pardonne aux Anglais et aux Français toutes leurs caricatures mortifiantes, et tous les mauvais discours qui furent et seront débités contre moi. Tout cela n'est plus rien quand je me rappelle ce qu'on a dit de Socrate, du sage Aristide et de Notre-Seigneur Jésus-Christ.

Une chose me préoccupe. Je suis plus mal qu'on ne pense ; et ma pénible carrière touche à sa fin. J'ai, malgré moi, présent à mon esprit l'horrible scène de ce pauvre Liancourt, dont le cercueil fut effondré sur les marches de notre paroisse. On voudra peut-être m'en faire autant.

Au nom de Dieu, Monsieur, dites à haute voix, dans tous ces quartiers-ci et dans toute la capitale, que je me repens de ce qu'on appelle mes scandales; que je les déteste; et que vous m'avez vu mourir en bon chrétien. Le pape est, dit-on, un homme d'intelligence et d'esprit. Je lui adresse mes rétractations, aussi générales qu'il les puisse vouloir; bien explicites, bien entières. Que m'importent à présent l'estime des Académies, les sympathies des philosophes et les suffrages des beaux esprits! La mort, dont je ne m'étais jamais occupé, m'apparaît et m'épouvante.

Tous les royaumes de la terre m'étaient connus, et j'en dirigeais de loin la manœuvre. Je comprends aujourd'hui qu'il y a autre chose que ce monde où nous sommes; et une terreur indéfinissable arrête ou dérange les derniers mouvements de mon cœur. Vous m'avez un peu manqué d'égards, monsieur A., durant cet examen, que je suis pourtant bien aise d'avoir subi, et que je vous pardonne. Veuillez me recommander au Tout-Puissant dans vos prières d'honnête homme. Combien je suis honteux de mes variations, de mes enivrements et de mes désordres! Si l'évêché d'Autun se trouvait vacant, je le redemanderais à mon prince et au chef de l'Église, pour pouvoir mourir dans ma toge et dans mon état. Ne souffrez pas, monsieur, s'il vous plaît, qu'on place mon épée sur mon catafalque; il ne m'appartient plus d'affronter les hommes et de me jouer à mon Dieu. Je vous remercie, monsieur, et vous affectionne.

Au nom du Père, du Fils, et du Saint-Esprit!

L'Abbé de . . . .

LE PRINCE

DE

TALLEYRAND,

SA VIE ET SES CONFESSIONS.

———

On a dit, non sans malice ni sans raison, que l'abbé de Talleyrand fut le plus grand comédien du siècle présent et du siècle passé. Personne, en effet, plus que lui, ne se donna en spectacle pendant sa vie ; personne ne mérita mieux d'occuper la scène après sa mort.

Parmi les nombreux articles biographiques qu'a publiés la presse libre, et qui ont retenti dans le monde comme les mille trompettes de la renommée, on a lu avec approbation celui du *Spectateur universel* [1].

Il était difficile, dans un pareil travail, de joindre plus de retenue et de convenance à plus de courage et d'impartialité. Toutes les opinions ont été satisfaites par le *Spectateur universel*. Nous espérons qu'on nous pardonnera de reproduire la plus grande partie de la notice insérée dans la cinquième livraison de ce recueil. Le succès du *Spectateur* dans l'opinion générale

———

[1] Ce Recueil périodique, des plus intéressants, paraît tous les mois, rue des *Deux-Écus*, 35, en un cahier volumineux. — Prix de l'abonnement pour un an 20 francs.

élève ses rédacteurs au-dessus de ce petit plagiat fait en faveur du public.

Dans l'ère constitutionnelle, et quand la presse est libre, on doit s'attendre à une extrême divergence dans les opinions, surtout s'il s'agit de juger un homme dont la vie politique et morale ne fut qu'une suite de variations dans les pensées, dans les actions, dans le for intérieur comme dans le for extérieur.

Pour le clergé d'abord, pour la révolution sous la consti tuante, pour le directoire au 18 fructidor, pour le consulat au 18 brumaire et pour l'empire en 1804, le prince de Talleyrand fut encore pour la restauration en 1814, et, enfin, pour les barricades et la révolution de 1850.

Déserteur du sanctuaire, abbé philosophe, le plus roué comme le plus versatile des diplomates, il meurt en demandant grâce au Dieu des chrétiens et rentre dans le giron de l'Église, qui lui prodigue ses prières et ses pompes en invoquant pour lui la divine miséricorde.

Molière avait bien dit :

Il est avec le ciel des accommodements.

Loin de blâmer ce dernier refuge d'un grand pécheur, nous l'indiquons à plus d'un complice de ces apostasies politiques ou religieuses dont l'histoire de nos jours fournira plus d'un exemple.

Toutefois, notre rôle de *Spectateur* commande la retenue et la modération qui conviennent à l'impartialité de l'historien et au décorum national. Paix et miséricorde à l'homme en présence de la tombe !

Mais la vie de l'homme public appartient au public, et c'est pour la dérouler tout entière à ses yeux, que nous allons puiser dans les cent articles publiés par les journaux, pour en extraire une sorte de quintessence historique et propre, sinon à l'édification, du moins à l'enseignement des futures générations.

Charles-Maurice de Talleyrand-Périgord, prince de Bénévent, puis prince de Talleyrand, né à Paris en 1754, de Charles-Daniel, comte de Talleyrand, et d'Éléonore de Damas (la princesse des Ursins était son aïeule paternelle), est mort à Paris, dans son hôtel de la rue Saint-Florentin, le 17 mai 1838, à quatre heures du soir, âgé de quatre-vingt-quatre ans et trois mois.

Aîné de sa famille, il semblait destiné à la carrière des armes, mais il était né estropié, et on lui fit faire sa théologie au séminaire de Saint-Sulpice.

Il fit sa licence sous les abbés Mannay et Bourlier, que plus tard son crédit porta aux évêchés de Trèves et d'Évreux.

Fort jeune encore, il devint agent général du clergé de France, quoique abbé philosophe, dit la *Quotidienne*. Un rapport assez remarquable, prononcé à la clôture de l'assemblée de cet ordre, lui valut l'évêché d'Autun.

Sa liaison avec Mirabeau, ses spéculations financières tiennent une grande place dans sa vie publique, et datent de cette époque.

Élu à l'assemblée constituante par le clergé de son diocèse, il vota un des premiers la réunion du clergé et de la noblesse à l'ordre du tiers.

Exécuteur testamentaire de Mirabeau, ce fut lui qui vint annoncer à la tribune la mort de ce grand orateur, en proposant de lire un de ses ouvrages posthumes, tout comme on avait porté aux obsèques de Raphaël un des chefs-d'œuvre de ce grand maître. Cet ouvrage était un discours contre les substitutions.

Nous avons lu quelques notes historiques, encore inédites, qui tendraient à faire croire que Mirabeau, ayant embrassé le parti de la reine, serait mort victime de sa trop grande confiance dans un ami politique.

M. de Talleyrand, par ses liaisons et par sa position personnelle, exerçait une certaine influence à l'assemblée constituante.

Il s'appuyait sur Siéyès, dont l'amitié ne fut point stérile pour sa renommée.

Malgré des habitudes très-dissipées, M. de Talleyrand porta à la tribune quelques travaux qui lui firent honneur, tels qu'un discours sur les loteries et des rapports sur l'instruction publique, qui furent attribués à Champfort et à l'abbé Desrenaudes, vicaire général d'Autun.

Ce fut M. de Talleyrand qui, dans la fête de la fédération du Champ-de-Mars, officia pontificalement et dit la messe sur l'autel de la patrie. Il sacra les premiers évêques constitutionnels.

Le pape Pie VI l'ayant aussitôt excommunié, il abdiqua le siége d'Autun, et fut élu membre du directoire du département de Paris.

A la clôture de la constituante, il accompagna à Londres l'ambassadeur marquis de Chauvelin. Il s'agissait de négocier le maintien de la paix. Quoique M. de Talleyrand n'occupât que le second rang dans cette ambassade, l'opinion publique lui attribuait le premier rôle, à cause de sa réputation de capacité. M. Pitt, qui avait fait, à Saint-Germain, quelques études communes avec M. de Talleyrand, et qui, dès-lors, avait semblé redouter son génie, ne voulut pas se mesurer avec un tel négociateur, et il lui fit quitter l'Angleterre avec M. de Chauvelin. Telle est la version du *Constitutionnel*.

La *Quotidienne* s'exprime différemment : « Forcé, dit cette » feuille, de quitter dans les vingt-quatre heures l'Angleterre » où il se trouvait encore au 10 août, et mis en accusation par » la république, M. de Talleyrand se rendit aux États-Unis. Un » généreux Anglais lui acheta sa bibliothèque sans la connaître » et sans en avoir le catalogue. Telle fut sa seule ressource pour » son voyage et pour passer le temps de l'exil, qu'il consacra à » des opérations commerciales. »

Le *Constitutionnel* s'exprime tout autrement sur le même fait ; voici :

« Au retour de cette mission, qui ne devait réussir que qua-
» rante ans après, M. de Talleyrand, arrivant à Paris le len-
» main du 10 août, faillit être assassiné et fut sauvé par Danton.
» Il quitta la France. Mais tandis que l'émigration intriguait con-
» tre son pays dans toutes les cours d'Europe et préparait à
» Coblentz une invasion, M. de Talleyrand, forcé de s'expa-
» trier, choisit l'Amérique pour lieu d'exil. Il se sépara ainsi,
» par toute la largeur de l'Océan, de cette noblesse dont il ne
» pouvait partager les passions insensées, et pour les manœuvres
» de laquelle sa grandeur et les lumières de son esprit, son sen-
» timent de nationalité lui inspiraient un honorable éloignement.
» Au lieu de guerroyer *sans résultat* contre sa patrie, il allait
» étudier un pays neuf et porter sur un nouveau théâtre ses fé-
» condes observations. »

En 1796, sur les instances de madame de Staël, Chénier pro
posa au conseil des Cinq-Cents le rappel de Talleyrand, et Bar-
ras le fit nommer par le directoire ministre des affaires étrangères. Il vint alors, dit l'écrivain du *Constitutionnel*, qu'on
suppose être un ex-ministre, apporter du bon sens et des tradi-
tions à un gouvernement qui n'en avait pas.

Le directoire travaillait si activement à sa propre perte, que
M. de Talleyrand ne put la conjurer : il aimait la force dans le
pouvoir, mais la force habilement dirigée.

Si cette dernière réflexion du *Constitutionnel* vient de M. Thiers,
tous les hommes sages applaudiront à cette pensée : c'est la le-
çon du passé pour guider l'avenir.

M. de Talleyrand contribua donc au 18 fructidor, qui fut fait
en partie contre ses protecteurs et ses amis.

La disgrace ne tarda point à l'atteindre : cependant il revint
aux affaires le 18 brumaire, par le crédit de Siéyès. De là cette
puissante association dans laquelle Napoléon représentait le génie militaire, Siéyès l'esprit d'organisation, et Talleyrand l'esprit
pratique des affaires.

On sait combien d'intrigues politiques s'agitaient à cette époque. M. de Talleyrand fut l'âme des négociations consulaires, et prépara l'empire. Il était ministre lorsque le duc d'Enghien fut enlevé à Etterheim, et il a souvent repoussé toute participation à ce crime politique : l'histoire prononcera.

Sécularisé en 1803, par un bref du pape Pie VII, il fut ap pelé successivement aux plus hautes dignités de l'empire, et consacra toute son existence à la politique. D'abord nommé grand-chambellan, ensuite prince vice-grand électeur, il eut une forte part dans les riches traitements que l'empereur savait prodiguer, en même temps qu'il voulait qu'on s'en fît honneur en les dépensant. Ce moyen politique, trop négligé depuis lors, consiste à rendre d'une main à la circulation ce qu'on lui arrache de l'autre. Il est vrai que, sous l'empire, le prince de Bénévent passait pour un *malin* diplomate, et qu'à ce titre, l'armée, qui représentait alors la nation, ou qui la gouvernait militairement, lui accordait la plus grande confiance. Jusqu'en 1808, il servit l'empereur avec habileté, et, plus d'une fois, il sut donner des conseils au héros qu'une bouillante activité poussait trop souvent à l'irréflexion ou à l'entraînement d'un premier mouvement. Toutefois, M. de Talleyrand a commis une grande faute en conseillant à Napoléon la guerre d'Espagne ; l'empereur lui en a plus d'une fois adressé le reproche sanglant.

De graves dissentiments lui firent perdre la faveur dont il avait joui. M. de Talleyrand tendait à la paix par l'alliance avec l'Autriche, et c'est lui, sans doute, qui nous a donné Marie-Louise pour impératrice. Napoléon visait à une sorte de partage du monde avec le czar des Russies, et il inclinait à une alliance qui lui permît de ranger tout l'Occident sous son empire.

Les événements d'Espagne et le langage toujours ferme et souvent très-piquant de M. de Talleyrand firent éclater cette divergence.

Dès ce moment, prévoyant des fautes terribles, M. de Talleyrand se prépara pour des éventualités qui se réalisèrent.

On a supposé, avec quelque raison, que depuis les confé-
rences d'Erfurt, en 1808, le rusé diplomate avait entretenu les
relations les plus intimes avec le czar. Aussi, le 31 mars 1814,
l'empereur de Russie, entrant dans Paris, alla loger chez M. de
Talleyrand, rue Saint-Florentin.

« Il occupa, dit le *Journal des Débats*, l'appartement du premier, et M. de Talleyrand le rez-de-chaussée. Ce rez-de-chaussée était plus visité que le premier, et le matin, M. de Talleyrand faisant sa toilette devant le monde, selon les habitudes du
dix-huitième siècle, et se faisant poudrer par son valet de
chambre, on voyait arriver dans ce cabinet de toilette M. de
Nesselrode, M. de Metternich, les ministres de tous les rois
vainqueurs, pour causer debout avec ce vaincu, qui, sa toilette
faite, rentrant dans son salon, disait à son monde de le suivre ;
et son monde, c'est-à-dire l'Europe victorieuse, le suivait, trouvant cela tout naturel et tout simple, parce que tout cela aussi,
de la part de M. de Talleyrand, était simple et naturel ; et l'en-
tretien dans le salon continuait sur le sort de l'Europe, sur les
rois à faire et à défaire. M. de Talleyrand était arbitre et maître
dans ces conseils solennels, comme si ce n'était pas des soldats
russes qui encombrassent son escalier, comme si le bruit des
armes, qui retentissait de temps en temps au milieu de l'entre-
tien, était encore celui des fusils de la garde de Napoléon, bi-
vouaquant dans la cour de Schœnbrunn, de Potsdam ou du
Kremlin. »

Le *Journal des Débats* ajoute : « C'est dans ce rez-de-chaussée
que fut décidée la restauration, et *c'est M. de Talleyrand qui la
décida.* L'empereur Alexandre hésitait beaucoup, il sentait que
l'esprit de l'ancien régime allait rentrer avec les Bourbons, il
cherchait ses expédients ; il pensa au duc d'Orléans. M. de Talleyrand répondit qu'après la chute de Napoléon, il fallait au pouvoir un principe tout nouveau, et qu'il ne fallait pas remplacer
une usurpation par une autre usurpation, fût-elle même de

bonne maison ; il cautionna donc la légitimité sans se faire illusion sur ses inconvénients, et l'empereur Alexandre céda, quoique à regret. Aussi, quand la nouvelle du débarquement de Napoléon et de sa marche triomphante sur Paris arriva à Vienne, la nuit, au milieu d'un bal chez M. de Metternich, l'empereur Alexandre traversa brusquement toute la salle, vint à M. de Talleyrand, et lui apprenant la fatale nouvelle : « Je » vous avais bien dit, que cela ne tiendrait pas ! s'écria-t-il. »

Tous ces faits s'étant passés sous nos yeux, nous les avons enregistrés dans nos souvenirs historiques aussi bien que le panégyriste du *Journal des Débats*, mais non pas avec la même complaisance. Il est évident qu'avant tout M. de Talleyrand a joué sur la bonne ou la mauvaise fortune de la France, toutes les fois qu'il y a eu pour lui chance de gain. Il avait une soif ardente du pouvoir et des richesses, et il n'était pas facile à désaltérer. C'est pour cette raison, sans doute, que Louis-Philippe lui avait, à ce qu'assure le *Constitutionnel*, conservé le traitement de cent mille francs que lui faisaient Louis XVIII et Charles X sur la liste civile ; le pauvre homme ! il y avait là de quoi faire vivre bien des serviteurs de l'état. M. de Talleyrand en a fait une pelote à part de cinquante mille livres de rente, qu'il a distribuée à ses domestiques, sans toucher, bien entendu, à plus de cinquante millions de sa fortune privée, plus ministérielle que princière, et toutefois héréditaire pour madame la duchesse de Dino, pour M. le duc de Valençay et quelques autres légataires collatéraux. Mais reprenons le *Journal des Débats*, et notons les curieuses réflexions que contient sa feuille du 24 mai.

« La restauration n'était pas tenable, surtout ayant Napoléon à l'île d'Elbe. Pourtant, la légitimité en 1814 et en 1815, était la seule chose possible, c'était le meilleur parti à prendre.

» Que faire, en effet ?

» Proclamer le roi de Rome et établir une régence ? C'était continuer le gouvernement de l'empereur, avec Napoléon de moins. Que faire d'ailleurs en ce cas de l'empereur ? Il aurait gouverné par ses conseils pendant quelque temps, et serait bientôt revenu gouverner en personne. C'eût été le 20 mars sous une forme plus douce. L'Europe eût-elle supporté cette forme tempérée du 20 mars ? Eût-elle accordé la paix à Napoléon remplaçant son propre fils, n'ayant pas voulu l'accorder, malgré ses demandes réitérées, à Napoléon remplaçant Louis XVIII ? Non ! il fallait qu'entre l'Europe et Napoléon la querelle fût vidée. Il n'y avait point de transaction possible. La régence du roi de Rome en 1814, comme la régence du duc de Bordeaux en 1830, n'était qu'un ajournement. En 1814 comme en 1830, il fallait une résolution nette. On ne fonde pas un gouvernement sur une demi-mesure.

» Fallait-il choisir le duc d'Orléans ? C'était user le remède avant le temps ; de plus, le gouvernement du duc d'Orléans, en 1814, aurait eu les mêmes embarras que le gouvernement de Louis XVIII ; surtout il n'empêchait pas le 20 mars ; car le 20 mars n'a point été fait pour sauver la liberté, cela est l'œuvre de la révolution de juillet ; le 20 mars a été fait pour remettre Bonaparte aux Tuileries.

» La légitimité, quels que fussent ses défauts, était le principe le mieux approprié aux circonstances où la France et l'Europe se trouvaient. L'Europe voulait que la France et Napoléon fussent séparés à jamais. Rien ne les séparait mieux que le principe de la légitimité. Ajoutez qu'après les trocs et les échanges de couronnes faits pendant dix ans en Europe, après ces saturnales de la force et de la conquête, après ce long mépris de la justice, rien n'était plus à propos, pour rebâtir un trône et redresser un pays courbé sous le poids de ses défaites, que de proclamer qu'il y a des droits contre lesquels la force ne prévaut pas. Qu'importe que ce soit au principe du droit divin que cela ait été appliqué ? Ce qu'il y a de beau, c'est d'avoir persuadé à ces baïonnettes triomphantes qu'il y a des droits, c'est-à-dire quelque chose qui n'a ni sabre, ni fusil, ni armée, ni généraux, ni trésor, et qui cependant est puissant et redoutable! La sainteté du droit, soit le droit des rois, des peuples ou des individus, opposée à la brutalité de la force, voilà l'idée de la restauration, voilà ce qu'exprimait admirablement M. de Talleyrand, quand, arrivant à Vienne au congrès, ambassadeur d'un peuple vaincu, n'ayant ni soldats, ni munitions, il disait aux rois et aux ministres de l'Europe victorieuse : « Je vous » apporte plus que vous n'avez ; je vous apporte l'idée du » droit ! »

« Ce fut à cette époque, et à Vienne, je crois, que M. de Talleyrand fit contre la Russie cette alliance entre la France, l'Angleterre et l'Autriche qui fut un des principes de sa politique. Rien ne montre mieux l'idée que, sur sa parole, l'Europe avait de la France en 1814 que ce traité qui, brisant la coalition de 1812, en formait une autre où nous entrions à titre d'alliés, le lendemain même de nos défaites. M. de Talleyrand a toujours voulu l'alliance de la France, de l'Angleterre et de l'Autriche. C'étaient, selon lui, les trois peuples civilisés, et il les unissait pour les opposer à la Russie, qui aime les conquêtes et a besoin d'en faire, parce que la guerre est, pour ainsi dire, le genre de gouvernement qui convient le mieux aux nations demi-barbares.

» La France, l'Angleterre et l'Allemagne sont des états dont la fortune est faite. Leur intérêt est de conserver. La Russie a encore sa fortune à faire, quelque grande que soit la fortune qu'elle a déjà faite. Son intérêt est de remuer. Quand Napoléon voulut remanier l'Europe tout entière, à qui s'adressa-t-il pour cette œuvre de conquête et de bouleversement ? à la Russie : de là ces fameuses conversations de Tilsitt et d'Erfurth, où Napoléon et Alexandre découpaient à leur fantaisie la carte de l'Europe.

» La politique de M. de Talleyrand n'a jamais été russe ; non qu'il eût la moindre haine contre la Russie ; mais dans l'alliance russe il voyait plus d'aventures que de profits. Aussi quand il

fallut marier M. le duc de Berri, plusieurs songeant à une princesse de Russie, la grande-duchesse Anne, sœur de l'empereur
Alexandre, M. de Talleyrand dissuada Louis XVIII de faire ce
mariage. La lettre qu'il lui écrivit de Vienne à ce sujet est un
chef-d'œuvre d'habileté : à peine un mot ou deux en passant sur
les considérations politiques qui doivent détourner de ce mariage ;
mais il appuie beaucoup sur la différence de religion, ce qui était
à l'adresse du comte d'Artois, depuis Charles X, et beaucoup
aussi sur l'inégalité de noblesse entre la maison de Holstein et
la maison de Bourbon, ce qui était à l'adresse de Louis XVIII,
le plus fier gentilhomme de toute l'Europe ; et, si nous ne nous
nous trompons point, ce fut cette raison surtout qui décida
Louis XVIII : il ne voulut pas que son neveu dérogeât en épou-
sant une grande-duchesse de Russie. Le tact de M. de Talleyrand, c'est d'avoir compris ce sentiment. A sa place, un publi-
ciste, un orateur eût fait une belle lettre, pleine de réflexions
politiques, et il eût échoué.

» Si M. de Talleyrand comprenait cette fierté de la maison
de Bourbon et savait s'en servir pour sa politique, c'est qu'il
avait aussi la fierté de sa race. Le jour même de sa mort,
quand le roi est venu le voir, il l'a remercié de l'honneur que
cette visite faisait à sa *maison*. C'est que la maison de Périgord
date, dit-on, du dixième siècle, et qu'elle est presque aussi ancienne que la maison de France. M. de Talleyrand était le dernier des grands seigneurs. Il en avait l'attitude aisée et natu-
relle. Sa grandeur ne le gênait et ne l'éblouissait pas, comme
cela arrive souvent aux hommes qui ne sont grands que d'hier
tout au plus. N'ayant, grâce à ce sentiment de sa noblesse,
l'idée de lutter avec personne, ni que personne eût à lutter
avec lui, dépouillé de toutes les petitesses de l'amour-propre et
n'ayant que de la dignité, se servant volontiers de l'esprit des
autres, et même de leur plume, sans avoir contre eux la moindre jalousie littéraire, il avait pour traiter avec les hommes
une aisance et une liberté d'esprit, qui faisaient en même temps

sa puissance et son amabilité. Sa grandeur étant d'une tout autre nature que les grandeurs de notre temps, elle ne choquait, elle n'offusquait personne, et n'était non plus offusquée par personne. Tout pouvait l'approcher, parce que rien ne le diminuait. Il y a plus : l'habitude de se trouver mêlé depuis neuf cents ans par sa famille, et depuis soixante ans par lui-même à toutes les révolutions de la France, faisait qu'il regardait sa destinée comme liée à celle de la patrie plutôt qu'à celle d'aucun prince ou d'aucun roi. Ministre de Napoléon, mais ne datant ni ne relevant complétement de lui, à ses yeux Napoléon pouvait bien être l'instrument de la régénération de la France; mais la France ne pouvait pas être l'instrument de la grandeur personnelle de Napoléon : aussi son esprit était fait d'avance à l'idée qu'un jour il faudrait séparer la fortune de la France de la fortune de Napoléon, et cette idée que ne pouvaient concevoir les créatures de Napoléon, qui ne voyaient rien avant lui ni au delà de lui, n'épouvantait aucunement le descendant d'une maison qui, dans les neuf cents ans de son histoire, avait vu périr tant de grandeurs diverses. Le propre de la grande aristocratie, c'est que les chefs de famille se soutiennent à côté de la royauté, et sont grands près d'elle et parfois contre elle. M. de Talleyrand sera de nos jours le dernier exemple de cette grandeur des anciennes familles qu'avait tant rehaussée en lui la grandeur de l'individu. Désormais il n'y a plus à côté du trône et pour contrebalancer sa puissance que les assemblées populaires. Toutes les grandeurs intermédiaires que l'ancienne hiérarchie avait placées entre le trône et le peuple, et qu'elle personnifiait dans des familles qui s'appelaient fièrement des *maisons*, tout cela a disparu, et M. de Talleyrand vient en mourant d'en emporter la dernière ombre.

» M. de Talleyrand aura dans l'histoire une grande place. Il en avait en Europe une immense. Sa renommée dominait la politique européenne, et c'était pour la France une force considérable. Préoccupés de nos petits débats, nous ne savons pas assez quand il meurt un de ces hommes qui se sont maintenus grands à travers toutes nos révolutions, quelle puissance nous perdons en Europe; nous ne savons pas assez qu'en vain pour suppléer à la perte de pareils hommes, nous réunirions tous nos hommes influents; ce n'est point, hélas! avec nos roseaux d'un jour que nous pourrions remplacer les chênes de la forêt! »

La critique d'un pareil langage serait trop facile, la presse tout entière et l'opinion des masses en ont fait justice. Est-ce donc à dire que les principes sacrés du droit, de la monarchie ; que toutes les grandeurs et illustrations de la France disparaissent à tout jamais avec l'ombre de ce grand seigneur qui fut abbé révolutionnaire, évêque assermenté, prêtre marié, catholique excommunié, etc., etc., etc.? Le *Journal des Débats* s'exalte lui-même dans l'éloge qu'il nous fait de son héros diplomatique; mais n'oublions pas qu'il s'agit ici de M. de Talleyrand.

Le *Courrier Français* se montre plus impartial et meilleur juge; écoutez!

« Si l'histoire, débarrassée de toutes les illusions et de toutes les préventions du présent, mesure les hommes à leurs œuvres, il est douteux que M. de Talleyrand conserve devant elle la hauteur où beaucoup de gens ont voulu le placer de son vivant. Elle cherchera dans cette vie si longue et si occupée ce qui reste des grands travaux de l'homme d'état; elle se demandera ce que le génie de M. de Talleyrand a fait pour le pays dont il a géré si longtemps les affaires; elle reconnaîtra que la diplomatie du temps de Napoléon se faisait avec l'épée du grand capitaine et non avec le génie de son ministre. C'est au congrès de Vienne qu'il faut chercher toute la puissance du grand diplomate, tout l'effort de son génie ; or, la postérité est déjà venue pour le congrès de Vienne, cet acte d'une odieuse spoliation, où la victoire et la force ont effrontément foulé aux pieds le droit et la justice ; où la France a été misérablement sacrifiée, aussi bien que tous les grands intérêts de la politique européenne.

» La conférence de Londres est le second acte diplomatique où M. de Talleyrand a montré à l'Europe son insuffisance. Quel a été le résultat de ces interminables négociations ? Nous sommes aujourd'hui à nous demander si la guerre ne doit pas en être le dénoûment final. Certes, on ne peut refuser à M. de Talleyrand un esprit plein de souplesse, une pénétration rare, une aptitude merveilleuse à saisir les fils secrets des affaires ; mais, avec un cœur sans noblesse et sans grandeur, il a presque toujours fait un triste emploi de ses qualités ; il restera comme un exemple du peu que valent les talents que ne fortifient pas la conscience et la probité ; peut-être pouvait-il être un grand ministre ; il n'a été qu'un homme d'intrigue. Je ne sais si jamais il a dit ce triste mot : *La parole a été donnée à l'homme pour déguiser sa pensée ;* mais il suffit qu'on ait pu, avec quelque vraisemblance, attribuer ce mot à un homme, pour que cet homme soit jugé !... »

Les organes sérieux et honorables de la presse se sont exprimés sur la vie publique de M. de Talleyrand avec autant de modération que d'impartialité. Presque tous ont fait la part du blâme et la part de l'éloge ; mais le *Journal des Débats,* quoique fidèle à la vérité historique des faits, a brûlé trop d'encens sur la tombe de son héros. La diplomatie se trouverait avilie et deviendrait trop méprisable si on lui imposait comme moyen la duplicité et comme but la trahison. Voilà pourquoi sans doute personne ne veut avoir tenu les coins du poêle.

La vie tout entière de M. de Talleyrand n'a été qu'une longue suite de déceptions ; sa politique est marquée au coin de la plus odieuse perfidie ; n'a-t-il pas trahi tour à tour l'Église, la république, l'empire, la légitimité et même les barricades ? Quoi qu'il en soit, M. de Talleyrand eut beaucoup d'amis particuliers ; cela s'explique par sa haute position sociale : le lierre, plante parasite, s'attache toujours à l'ormeau; mais il eut aussi de nombreux ennemis politiques, qui n'avaient que trop raison de redouter son influence occulte.

Depuis quelques mois, M. de Talleyrand, sentant approcher sa fin, s'était préparé à une autre vie, et avait fait quelques provisions pour ce lointain voyage. A sa dernière heure, il a, dit-on, rétracté sa conduite, dans une lettre écrite au pape et adressée à l'archevêque de Paris ; après quoi il a reçu les sacrements de l'Église, et s'est ainsi réconcilié avec le Sauveur du monde. Rien n'a été négligé pour donner à ses obsèques un air de pompe et de magnificence extraordinaire. Les grands dignitaires de la couronne ont accompagné sa dépouille mortelle dans l'église de l'Assomption, d'où elle sera transportée, suivant sa volonté dernière, à son château de Valençay. D'après ses prescriptions, ses mémoires politiques, en ce moment déposés à Londres, ne pourront être publiés avant trente ans. Attendons !

Ce prince des diplomates eût été mauvais soldat : un brave ne déserte jamais son drapeau. Toutefois M. de Talleyrand ne figurera point sur la liste des buveurs de sang. Sa politique conciliante lui avait appris que le grand art de régner consiste à savoir placer les hommes à propos, et surtout à ménager leurs intérêts. Semblable à ces procureurs bien avisés, qui s'enrichissent en arrangeant eux-mêmes les procès de leurs clients, à la barbe des tribunaux, M. de Talleyrand, comme le dit fort bien le *Journal des Débats*, découpait la carte du monde dans son cabinet, et faisait les révolutions à la barbe des Athéniens, sans oublier, sans doute, le mémoire de frais.

Mais on sait aujourd'hui ce que coûtent aux peuples ces simulacres de révolutions, trop souvent répétés : ce sont des appels de cause et des remises sans fin, dans lesquels les prétendus avocats qui s'érigent en défenseurs des nations font seuls leurs affaires.

M. de Talleyrand est dans l'autre monde ; puisse-t-il y rester en paix.

Baron *** de l'empire.

Le Spectateur universel, ne paraissant qu'après les journaux quotidiens, ne pouvait que résumer les opinions. L'article que nous a fourni M. le baron*** nous semble avoir rempli cette tâche. La presse anglaise a gardé moins de ménagements et révélé quelques faits que nous ne pouvons laisser passer inaperçus ; nous citons mot à mot :

Le Courrier anglais.

« Parmi les politiques éclairés et raisonnables de France, il en est peu qui regardent la mort de M. de Talleyrand comme une grande calamité. On l'accuse d'avoir conseillé à Louis-Philippe de concentrer toute la direction des affaires dans son cabinet. Lorsque, de retour d'Angleterre, il y a peu d'années, il vit que les tentatives des républicains avaient mis aux mains de Louis-Philippe une puissance dictatoriale, il lui conseilla de conserver et de corroborer cette puissance. « Le peuple, lui dit » M. de Talleyrand, n'est encore qu'imparfaitement initié à la » connaissance du mécanisme d'un gouvernement constitution- » nel ; éloignez-le de ses yeux, pendant qu'il en est temps en- » core, ou du moins tâchez de ramener à vous tous ses ressorts, » sinon vous êtes menacé de graves dangers. » Au moment où le cabinet du duc de Broglie tomba, ce fut Talleyrand qui présenta à Louis-Philippe M. Thiers, comme l'homme le plus capable d'en diriger un nouveau. Son but était de faire remettre les affaires étrangères entre les mains d'un homme qui, sans position sociale et étranger aux habitudes et à la connaissance des cours, serait un instrument docile dans ses mains. Louis-Philippe, qui trouvait que pour le moment les services de M. Thiers étaient indispensables dans les chambres, approuva le plan du vieux diplomate. Mais tous deux furent trompés. M. Thiers fut un instant ce qu'on désirait ; mais il voulut, plus tard, arborer son pavillon particulier, et alors il tomba.

» ... M. de Talleyrand affectait un profond mépris pour le monde ; mais le monde lui répondait par l'estime qu'il faisait de lui. Son nom était devenu le synonyme de perfidie, de dissimulation. Qui l'estimait ? qui connaît ses services ? quelle en a été la récompense ? Dans un siècle, la réputation du prince sera ensevelie sous les intrigues politiques dont il a été l'âme. On lira ses intrigues et ses saillies avec cette sorte d'approbation qui est voisine du mépris.

» Les hommes destinés à jouer un grand rôle dans le monde reçoivent du Ciel de grandes difficultés pour le bien ou pour le mal. Talleyrand n'en avait reçu que de l'esprit.

» ..... La mort de M. de Talleyrand, comme événement politique, est de peu d'importance, bien que son influence, comme partisan politique, se soit étendue jusqu'à ses derniers moments. Dès le premier jour de sa maladie, son esprit naturel de finasserie l'avait abandonné. Accoutumé, pendant sa longue carrière, à traverser tant d'épreuves diverses, à différer et à éluder tout ce qui tendait à amener à fin une négociation, il s'est senti, cette fois, défaillir en présence d'un adversaire qu'il lui était impossible de tromper. »

Morning Chronicle.

« Tout le monde avait la conviction que M. de Talleyrand était incapable de remplir les fonctions de ministre dans un gouvernement constitutionnel ; car il n'avait ni l'habitude, ni le caractère, ni les talents spéciaux qu'exige une pareille position. M. de Talleyrand le savait bien. Le gouvernement français tomba dans une grave erreur lorsqu'il le nomma, après la révolution de juillet, son ambassadeur à Londres ; car le prince, aurait-il eu même les intentions les plus loyales, n'en devait pas moins être regardé comme le représentant de cette école perfide et égoïste pour laquelle tous les moyens sont bons, pourvu qu'ils conduisent au but. On le considérait comme le Machiavel du jour, qui ne connaissait d'autre principe que l'égoïsme déifié. Peut-être aurait-il pu répondre que, dans la haute position qu'il s'était faite et qu'il avait su garder, il n'avait pas besoin d'employer de pareilles armes, ni d'être le créateur d'une école politique infernale. »

Au moment de clore ce débat, un homme d'esprit, qui souvent nous prête le secours de sa plume élégante et facile, improvise, sur notre bureau, les lignes suivantes :

A monsieur le rédacteur en chef du SPECTATEUR UNIVERSEL.

« Vous m'avez autorisé, monsieur, à lire avant l'impression l'article nécrologique qui vous a été remis sur M. Charles-Maurice de Talleyrand. Cet article est exact quant aux faits généraux. L'auteur émet envers ce grand défunt la même appréciation que la presse anglaise. Permettez-moi d'ajouter quelques considérations à celles que présente M. le baron ***. Un personnage de l'importance de M. de Talleyrand ne saurait être assez expliqué pour être bien connu.

» Un journal, désirant lui attirer une considération de bonne foi quelconque, nous l'a présenté comme appartenant jadis à *l'école de Voltaire*, malgré son caractère épiscopal. On aurait mieux parlé si l'on avait dit que l'évêque d'Autun s'était montré impie dès le séminaire, et que le prince de Chalais avait abusé de sa naissance en imposant ce jeune libertin au clergé. Voltaire, accablé par l'évidence universelle, reconnaissait du moins un Dieu : M. de Talleyrand, très-dédaigneux par caractère, ne s'occupa jamais que de ses jouissances, et n'adora d'autre dieu que l'or. La révolution de 1789 ne fut ni dans ses idées ni dans ses goûts, et n'a sûrement pas été son ouvrage. On le vit agir à son égard comme font les riverains malheureux à l'égard des alluvions fortuites : ils ne les ont point voulues :

ils les ont redoutées ; mais, une fois venues, ils se les adaptent comme ils peuvent, afin d'en tirer le meilleur parti. Égoïste, par-dessus toutes choses, on l'entendit accuser et maudire le roi, qui, depuis vingt ans déjà, dépouillait son clergé par sa *caisse des économats* préparatoire, et ne prévoyait pas qu'en supprimant cette solde éminemment politique, il licenciait ses plus adhérents défenseurs.

Dès l'ouverture des états-généraux, il s'unit aux Larochefoucault, aux Fontange, aux Béthizy-Mézières, à tous ceux qui avec de la sagesse et des talents voulaient défendre et sauver l'Église ; mais lorsqu'il vit que le monarque et M. Necker prenaient le dessus, il sortit adroitement de la place prête à sauter, et se réunit aux assiégeants, dont il accéléra le triomphe.

Le Chien portant au cou le dîner de son maître était sa fable favorite ; il la savait par cœur, et la récitait quelquefois.

Depuis sa mort, on s'est remis à parler de sa messe fameuse de la fédération, en 1790. Cette grand'messe, en elle-même, ne fut point un crime, car le roi Louis XVI et la reine y assistaient avec toute la France. Le seul scandale qui se soit manifesté dans cette circonstance solennelle, je vais le rappeler, s'il est trop peu connu.

L'autel de la patrie (car tout était *à la patrie*, dans ce moment-là) avait été construit au beau milieu du Champ-de-Mars, où allaient se réunir en *fédération* les gardes nationales de la France entière. Les architectes improvisateurs s'étaient avisés de ménager sous l'immense estrade qui portait l'autel une belle et bonne sacristie en charpente, dont les tapisseries des Gobelins formaient la plafond et les ornements. Le clergé, tout revêtu, attendait le coup de canon de midi pour monter au dehors et commencer l'office. A midi commença la plus abondante averse qui se soit vue depuis le déluge. L'eau, qui pénétrait sans ménagement parmi les charpentes, mouilla toute la sacristie et ses pieux habitants. L'abbé de Talleyrand, quoique grand seigneur démocratisé, fut choqué de cette irrévérence des nuages, et s'écria, sans trop songer aux conséquences : *Est-ce que ces b.....-là n'arriveront point!* Le défilé, qui s'étendait le long du boulevard jusque passé la Bastille, n'arriva au Champ-de-Mars qu'au coup de trois heures, et le soleil reparut alors pour sécher tous les uniformes et permettre à l'abbé *voltairien* de commencer. On était venu dire au roi le blasphème bruyant de son grand-aumônier provisoire. *Ah! mon Dieu!* dit Louis XVI à son épouse, *quelle messe nous allons entendre! — Nous ne l'entendrons pas, monsieur*, lui répondit la reine à demi-voix, *nous la verrons.* (La famille royale et les états-généraux occupaient alors, comme on l'a écrit, une vaste galerie en décorations, qui s'appuyait sur les bâtiments et le grand salon de l'École-royale-Militaire.)

L'abbé de Talleyrand, peu fait à se gêner avec les hommes, et encore moins avec Dieu, prêta le serment constitutionnel, malgré le pape, et sacra les évêques jureurs rebelles, d'où est sortie l'absurde et ignoble religion des Farinel et des Châtel.

Une preuve que ni Talleyrand ni ses complices n'eurent le génie politique dont on les décore, c'est qu'ils manquèrent absolument alors de prévoyance. En effet, la révolution ne tarda pas à les déborder eux-mêmes ; et l'on vit ces fuyards hétéroclites venir implorer le pardon et la commisération des émigrés.

Débarqué à la Nouvelle-Orléans, l'évêque d'Autun, malgré sa flexibilité et ses avances presque mêlées de larmes, ne trouva que froideur glaciale, détestation et mépris. Tout autre que cet orgueilleux se serait rendu justice : il ne s'occupa que de projets de représailles, et il n'y a que trop réussi. Parvenu au pouvoir ministériel, sous le directoire, il persécuta l'émigration de toutes ses forces, et parvint à faire abandonner et dissoudre la vertueuse armée de Condé. Nous aimons, nous, la monarchie par conviction et par système : il la souhaitait, lui, par habitudes de prééminence et par vanité. Le directoire n'était à ses yeux qu'une transition ; il y substitua le consulat en trois personnes, qu'il remplaça par le consulat d'un seul homme-d'armes, prêt à se déclarer empereur. Mais cet empereur, génie hasardeux et téméraire, ne souffrait qu'impatiemment les conseils contradicteurs et les remontrances. De même que Louis XVI avait renvoyé les parlements, Napoléon renvoya Talleyrand, qui avait voulu et ne voulait plus la lutte espagnole. Dès lors, le sacrificateur de Mirabeau ne songea plus qu'à briser son insatiable Charles XII. Il avait des affidés en tous lieux. Il sut à point nommé que les Bourbons étaient accueillis en Angleterre, et que le prince-régent faisait couronner le comte de Provence Louis XVIII. Aussitôt s'ouvrit bien secrètement, entre l'ex-évêque d'Autun et l'archevêque de Reims, « son cher oncle », une correspondance devenue amicale et une négociation favorable à nos rois. L'intérêt seul de M. de Talleyrand était en ceci son mobile : M. de Provence feignit de n'y voir que du dévouement et un retour de fidélité. Les courriers, les messages chiffrés, se succédèrent. Enfin, *le commencement de la fin* prit de la consistance; la bataille de Paris termina le drame, et la famille royale rentra dans ses vieux palais. En éloignant pour toujours l'ex-évêque jureur, la famille légitime de nos rois se serait maintenue, car elle était aimée. On a voulu faire de la clémence, de la fusion ou amalgame, du salmigondis politique : on s'est perdu.

La *clémence* devait être entière pour les agents inférieurs et pour les masses : on l'a prodiguée aux chefs, aux vrais coupables, aux habiles : on n'a effectué qu'une suspension d'armes, une halte trompeuse, et voilà tout. Comblé de pardons, et de richesses et d'honneurs, l'Ambitieux de pouvoir et d'autorité a compté pour rien tout le reste. Les craintes visibles du roi Charles, les froideurs mal déguisées de la dauphine, ont fait comme un outrage et comme une épouvante à l'homme qui n'osait prononcer ni entendre prononcer le nom du duc d'Enghien. De ce noir tourment, caché sous les crachats et la toison d'or, sont nées des pensées abominables, et le nouveau bouleversement de l'état (qui , au surplus , n'était qu'ajourné depuis 1789) a fait son explosion vers le milieu de 1830. Aussitôt l'on vit reparaître sur l'horizon ce génie du mal , qui s'était pour un temps retiré de l'avant-scène. A un âge où les plus insensés portent enfin leurs regards en arrière et voient avec effroi le peu de chemin qui leur reste à parcourir, M. de Talleyrand s'est remis de gaieté de cœur dans le tourbillon dévorant des affaires ; il s'est de nouveau jeté dans ces paquebots qui brisent les estomacs et les entrailles les mieux conditionnées ; il est allé montrer sa mauvaise figure et sa décrépitude plâtrée à ces Anglais tout aussi goguenards que lui. Déroulant encore une fois ses ambiguités et ses paradoxes , il a voulu faire comprendre aux aristocrates ou torys qu'il fallait appuyer et préconiser la souveraineté des populaces. L'antique rivalité, l'incurable jalousie de nos voisins a feint de goûter et d'accueillir de telles maximes , et en a même permis la pratique circonstancielle, espérant que la France allait succomber. M. de Talleyrand , malgré cette déférence , a jugé que l'aristocratie anglaise éprouvait quelques regrets favorables au roi détrôné. N'écoutant plus alors que son personnel intérêt et ses alarmes , il a jeté la révolution parmi les Anglais. M. de Wellington peut être bon général et bon soldat , mais la politique n'est pas de son domaine. Après s'être mêlé de nos barricades , il les a subies à son tour. Son palais a reçu les flots irrités de sa populace anglaise; et le cercueil de sa respectable mère a été jeté hors de ses chevrettes , maudit, exécré, effondré. Telles sont les œuvres de la diplomatie moderne ; attendu que *la civilisation* se perfectionne et que le siècle marche dans *la voie du progrès*.

On s'est donné les airs , à l'occasion de notre abbé défunt, de l'appeler un homme célèbre , un grand ministre. Une feuille, n'osant le comparer à Mazarin fourbe et perfide , l'a résolument comparé au grand Richelieu. Quel abus de la phraséologie et de la parole ! Richelieu fit verser le sang de ses ennemis avec de certaines formes et avec audace ; et sous ce rapport il n'a rien de commun avec Talleyrand qui s'est toujours placé derrière un rideau, laissant les hasards et l'odieux à des mains vulgaires. Charles Maurice de Talleyrand me paraît comme une copie ou demi-copie de Mazarin, dont il a laissé voir toute la vanité, toutes les perfidies, et surtout l'insatiable cupidité. A cela près, cependant, l'abbé de Mazarin lui est supérieur en toutes choses, il est facile de le prouver :

Talleyrand, Français, s'est uni à tous ceux qui ont voulu opprimer et désoler la France ; Mazarin, citoyen de Rome, quitta les Romains pour se donner aux Français. Talleyrand, dès nos premiers troubles, se rangea sous les drapeaux rebelles et fit une guerre acharnée à son roi : Mazarin fit la guerre au duc d'Orléans et à Condé lui-même, pour défendre la reine-mère et le jeune roi. Talleyrand, agent général du clergé, pourvu d'un évêché marquant et de deux abbayes, déserta le sanctuaire pour se rejeter dans les scandales du monde ; Mazarin quitta le métier des armes pour entrer dans l'église, et loin de chercher à avilir et à spolier le pape, n'eut d'autre ambition que de plaire à la cour romaine et de devenir pape à son tour. Si Mazarin s'enrichit dans sa longue administration, il le fit en multipliant ses abbayes ; et il nous donna du moins sa riche bibliothèque Mazarine et son superbe collége Mazarin où se délecte aujourd'hui l'Institut. Que nous a donné l'abbé de Talleyrand ? je le demande à tous les échos de nos villes et de nos campagnes. Ils se taisent les uns et les autres : don Carlos lui seul me répond.

Mazarin aima tendrement ses neveux et les enrichit *de son vivant*, qui est la véritable et bonne manière. M. de Talleyrand, après avoir marié son neveu à une aimable duchesse de Courlande, n'a pas eu pitié des fautes imprudentes de ce jeune homme, et lui a laissé vendre son immense et superbe terre de Rosni, qu'il pouvait si aisément lui conserver. Je termine ce parallèle par un seul mot : le cardinal Mazarin près de finir donna Colbert au jeune roi Louis XIV : M. de Talleyrand a donné à son roi.... qui ? et qui ?

On avoue enfin aujourd'hui que le vieux diplomate laisse des *Mémoires;* mais on a soin d'ajouter qu'il y a défense de les livrer au public avant trente années.

Ce *retentum* lui seul vous donne la clef de l'énigme : dans trente ans, il n'y aura plus de témoins pour contredire ; et les dissimulations, les altérations, tous les mensonges possibles auront beau jeu.

Au reste, la vanité du faiseur de Mémoires s'est fait illusion : qui se doutera, dans trente ans, qu'il y eut un prince Talleyrand dans le monde !

Qui prendra la peine de s'informer si la pauvre madame Grand fut son épouse légitime ou sa concubine ; s'il la fit princesse malgré son orthographe de *Çatin;* et s'il l'abandonna sous prétexte de tonsure et d'épiscopat, lorsque cette dame fut un peu vieille et mal portante !

Qui prendra la peine de s'informer, dans trente ans, si Charles-Maurice de Talleyrand-Périgord, n'ayant eu que trois mille livres de rentes pour sa légitime *de grand-seigneur,* a laissé, en mourant *gangrené,* plus de cinquante millions de fortune et l'un des plus beaux hôtels de la capitale, pris au pauvre duc de l'Infantado?

Qui s'informera, dans trente ans, si M. de Talleyrand-Périgord fit lui-même, ou reçut d'un *faiseur,* son *discours sur les nouveaux poids et mesures,* prononcé à haute voix dans l'assemblée constituante, afin d'y passer pour homme d'état et bon novateur? La France avait su être heureuse et florissante avec d'autres poids et d'autres mesures.

Ce noble rénégat prononça également un discours *de Chamfort* sur l'éducation publique nationale. Il eut mieux valu de bons exemples que toutes ces utopies de charlatan.

A qui, dans trente ans, paraîtra-t-il convenable de savoir qu'un jour M. de Talleyrand, sur le perron de Saint-Denis, après le service expiatoire de Louis XVI, fut assailli par le comte de Maubreuil, lion déchaîné, qui le renversa dans la boue infecte, le piétina sans contradiction de personne, lui mit le talon sur la poitrine et dans le visage, lui reprocha publiquement tous ses crimes, et le somma d'avoir à se défendre de toute son épée chambellane, puisqu'il n'était plus ni homme d'église, ni prélat?

A qui paraîtra-t-il curieux, alors, d'apprendre que le nouveau spadassin, redevenu tout à coup ministre du saint Évangile, présenta l'autre flanc et l'autre joue, comme le pratiquaient jadis les Apôtres ; et que, se bornant à la douce méthode actuelle des *protocoles,* il chargea de sa défense et de sa gloire deux avocats et les tribunaux? Un duel à-coups de pistolet ou à coups de poings eût trop prêté à rire dans le monde. On peut aimer à se moquer des autres : on n'aime pas à voir rire de soi.

Dans trente ans, on se ressouviendra du poëte Barthélemy et du spirituel Méry son confrère : on ignorera volontiers que ces deux plumes ingénieuses offensèrent sans miséricorde l'abbé de Talleyrand, malgré sa *clef d'or,* et que leur poésie fut traduite devant le premier tribunal de la Seine, pour avoir imité Boileau.

Peut-être M. l'abbé Charles-Maurice, dans ses Mémoires, aura-t-il mentionné madame la princesse polonaise Poniatouska; peut-être s'y vantera-t-il de lui avoir rendu quelques services, pour elle-même ou pour ses Polonais chéris. Ce que M. de Talleyrand ne mentionnera point, probablement, je suis en mesure de le dire. La princesse exilée ne jouissait ici, en France, que d'une faible partie de son grand revenu. Le vieux diplomate le savait : il n'en était pas plus généreux ou plus discret pour elle. Un jour il vint voir, chez le riche marchand appelé Max, de la rue Royale, ces deux belles colonnes de porcelaine à socles et chapiteaux d'or, qu'avait eues le cardinal Mazarin dans ses galeries. Talleyrand, *amateur de Voltaire,* aima les colonnes d'Hercule en les voyant. « Combien ces deux colonnettes, mon cher voisin? — Quatre-vingt mille francs, monseigneur, à cause du temps où nous sommes ; en toute autre circonstance, on ne les aurait pas de moi pour cent mille francs. — Cent mille francs ! mon cher Max... vous m'effrayez ! Parlez-en à la princesse Po- .

niatouska, ma bonne voisine ; dites-lui, sans affectation, que ces deux jolies antiquités me plaisent, et qu'elle fera bien de les acheter. »

Le marchand s'acquitta de la commission. Alors, la dame de la rue Saint-Florentin lui dit avec un effroi mal dissimulé : « Quoi ! monsieur Max, il vous a parfaitement expliqué qu'il faut que j'achète ces deux fantaisies?... Ah ! mon Dieu, c'est pour que ma main les lui donne; son intention m'est démontrée : c'est à moi de m'y conformer. » La princesse vit les colonnes de porcelaine, obtint du riche marchand Max qu'il les lui livrerait pour soixante mille livres, et qu'elle aurait deux ans pour s'acquitter, de six en six mois. La princesse avait déjà fait de ces cadeaux, au riche Amateur, pour plus de deux cent mille livres.

Sur les grands chemins et dans les bois, ces sortes de présents forcés prennent le nom de guet-apens ou de voleries : dans un certain monde et chez les gens qui savent vivre, cela s'appelle DES ATTENTIONS.

Si les *grands seigneurs* de l'ancien régime avaient le faible de se laisser piller par leurs maîtres-d'hôtel, M. de Talleyrand ne leur ressemblait guère. A Bagnères-de-Luchon, à Barèges, il a laissé une mémoire bien opposée, et je lui rends justice sur ce point. Monseigneur, à chacun de ses voyages de fantaisie ou de santé, avait soin de se donner un traiteur au lieu d'un cuisinier. Il stipulait lui-même, à raison de tant par tête; et l'on obtenait difficilement de son économie quelques légères indemnités pour les cas imprévus.

Tous ses traiteurs-fournisseurs ont eu l'honneur de lui faire les plus jolis repas du monde, et de se ruiner avec lui.

Le *Journal des Débats,* oubliant l'atmosphère où il vit, a prodigué au défunt le titre de noble d'ancienne race et la qualification de grand seigneur. Si l'ancien régime avait subsisté, les Talleyrand-Périgord, les Talleyrand-Chalais étaient au nombre de nos grands seigneurs, il n'y a point de doute; mais dans l'état de nivellement où la société française a été mise par les aberrations et les violences de M. de Talleyrand lui-même, où sont, je vous prie, nos grands seigneurs? Ils existent pour les hommes sensés, pour les esprits judicieux, exempts d'envie et de faiblesses envahissantes; mais, sous le règne d'un roi constitutionnel, à qui les novateurs interdisent ses propres armoiries, où trouverons-nous les grands de notre histoire et ce qu'on entend généralement par grands seigneurs? Dans tous les cas, M. de Talleyrand, déserteur volontaire de l'ordre de la noblesse, et persécuteur acharné de cette force monarchique, en était sorti lui-même depuis bien longtemps. Un déserteur, dans nos armées, n'est plus admis à reprendre arbitrairement son uniforme, encore moins son grade; tout le monde est d'accord sur ce point.

Au surplus, qu'est-ce que c'est qu'un grand seigneur? Un grand seigneur, c'est un homme de naissance illustre, qui se montre et s'est toujours montré fidèle à son roi, à sa patrie, à ses aïeux; en un mot, un chevalier loyal, généreux, martial, aimable et poli dans le grand monde, affable et libéral pour les inférieurs; capable de tous les sacrifices qu'exige l'honneur, et qui mourrait plutôt mille fois que de souiller son nom et ses armes. *Malo mori quàm fœdari* : voilà la devise des preux. M. de Talleyrand a-t-il jamais pratiqué ou violé les devoirs d'une si sublime chevalerie?

Il a fait sa colossale fortune parmi les agioteurs, les fournisseurs, les gens de la Bourse et du télégraphe.

On nous raconte *la fierté* de son maintien et ses *grandes manières*. S'il les avait reprises, ces manières d'apparat, dans les salons de Louis XVIII et du roi Charles, il avait bien su les déposer en présence du directoire amphibie. Parmi ces comédiens du second ordre, à peine s'il osait saluer de bonne grâce; à peine s'il osait signer son vrai nom.

Auprès de Napoléon, soldat aux brusques mouvements, aux attitudes un peu démocratiques, il courbait à demi son torse, par crainte d'effacer qui que ce fût. M. de Talleyrand, il faut en convenir toutefois, était le meilleur ton de cette cohorte, et son sourire, qui le trahissait par intervalles, disait suffisamment qu'il les méprisait et se méprisait.

La cour de Rome, nous assure-t-on, va se réjouir de sa conversion, toute retardée qu'elle puisse être. La cour de Rome, échappée à la destruction que tant d'ingrats lui avaient destinée, avait rayé ce prélat de son catalogue et ne se le rappelait plus depuis bien longtemps. Aujourd'hui, sa rétractation (si elle est vraie) va paraître, en ces hauts lieux, un acte d'orgueil et une folie. M. de Talleyrand avait pris ou accepté sa cartouche jaune; il avait cessé d'exister pour le Saint-Père et pour la religion.

Sa famille, soigneuse de sa propre gloire, a probablement imaginé cette conversion *in extremis* afin de pouvoir introduire un squelette dans l'église paroissiale, et n'avoir pas l'air d'enterrer un condamné. F. D'.... comte de ***.

IMPRIMERIE D'ÉVERAT ET COMP.
14 et 16, rue du Cadran.

www.ingramcontent.com/pod-product-compliance
Lightning Source LLC
Chambersburg PA
CBHW061713180626
46818CB00003B/1370